I0758408

Lic. Melina N. Gancedo

Bullying

Manual para la Prevención y detección

temprana

INDICE

Introducción

El Bullying es un tipo de maltrato surgido en espacios relativos al contexto escolar, pero como veremos más adelante, no se limita a éste.

Este Manual para la prevención y detección temprana del Bullying brinda conceptos y herramientas para poder identificar señales, síntomas y actos característicos de un caso de Bullying.

En primer lugar, definiremos qué es el Bullying y de qué maneras puede manifestarse. Luego, abordaremos síntomas y señales que nos permiten detectar situaciones de Bullying, para detenerlas a tiempo, o en su defecto, tratar el problema ya instalado.

Veremos que estas manifestaciones pueden ser acotadas en el tiempo, como consecuencias a corto plazo, con cese de sintomatología al terminar o tratar dicha situación o, por el contrario, constituirse en consecuencias a largo plazo, afectando a la persona en su edad adulta como secuelas del maltrato recibido en la infancia o adolescencia. Razón fundamental para tomar conciencia de que estos hechos, no son "chiquilinadas" y nada más, "cosas de chicos, chistes, algo normal a esa edad". No, el maltrato no es normal, a ninguna edad.

Luego, presentaremos 10 claves para prevenir el Bullying, a través de herramientas a desarrollar tanto en las escuelas como en las familias.

Antes de adentrarnos en la lectura, una aclaración. Lejos de revictimizar a quien padece Bullying, utilizaremos el concepto de víctima con fines prácticos para referirnos al alumno que recibe este tipo de maltrato, sin ánimos de contribuir a perpetuar esa etiqueta o posición de víctima.

Muy por el contrario, consideraremos la importancia de que en primer lugar, la persona que padece el maltrato, debe reconocerlo como tal y aceptarse víctima de esta situación de acoso escolar, para tomar conciencia y dimensión de las consecuencias que está padeciendo o que puede llegar a padecer.

En un segundo momento, es necesario y saludable acompañar a la víctima en el proceso de correrse de esa **posición** pasiva, de sufrimiento y sumisión, para poder tomar acción, pedir ayuda, posicionarse en rol activo y asistir a clases sin miedo, como debe ser, con el acoso escolar detenido o prevenido.

Hablamos desde el concepto de posición de… Posición de víctima, posición de victimario, porque no se trata de la persona en sí, sino de roles que se asumen en diferentes contextos que se habitan.

Por lo tanto, quien toma posición de victimario en la escuela, probablemente ocupe la posición de víctima en otro contexto, en la familia, entre los vecinos del barrio.

Ningún niño o joven víctima elije ocupar esa función. Ninguna característica de la víctima justifica o explica los maltratos recibidos. Esa posición, que cuesta identificar al principio será la que luego permitirá entender lo que se está viviendo y para lo cual es necesario que padres, docentes, directivos y si es posible alumnos conozcan sobre Bullying, realicen talleres de capacitación, de detección o prevención de Bullying.

Este Manual está dirigido a padres, docentes y directivos de instituciones educativas y a la comunidad en general interesada en la temática.

Capítulo 1

¿Qué es el Bullying?

El Bullying es una forma de maltrato, un tipo de violencia, sostenido en el tiempo, que surge en relación al contexto escolar, pero que se puede producir en otras edades y extenderse a otros ámbitos, por ejemplo puede continuar a la salida de la escuela, por llamada telefónica, chat, redes sociales (conocido como ciberacoso).

Es importante resaltar el papel que cumple el concepto de tiempo en este tipo de maltrato, ya que no nos referimos a una discusión aislada o a un acto agresivo ocasional. Estamos hablando de actos repetitivos, recurrentes en el tiempo, que generan gran desgaste en quien es destinatario de los maltratos.

En la situación de Bullying existen diferentes actores:

Víctima, victimario, espectadores, padres, docentes, directivos.

Los tres primeros actores son agentes necesarios para la producción de Bullying. Si no hubiera un victimario, no habría Bullying, y por ende, víctima.

¿Qué expresa la violencia como modo de relación interpersonal?

Este niño o joven, en posición de victimario, podría estar denunciando algo con su accionar, quizás reproduce activamente lo que sufre o ha sufrido pasivamente en otro contexto.

Quizás el bullying es la forma que ha encontrado, de modo inconsciente, de generar algo en sus padres, llamar su atención, ser tenido en cuenta, ser más protegido, o por el contrario, reclamar algo de libertad.

O también quizás pretende conseguir algo entre los alumnos: sentirse mejor, superior, respetado, aceptado, temido, perteneciente a cierto grupo de pares.

Los espectadores son otros alumnos, que muchas veces por miedo, terminan apoyando al agresor, convirtiéndose en sus cómplices.

No pueden, o no quieren o no saben poner límites a este daño, no se animan a acompañar a la víctima, y en el peor de los casos contribuyen a que ésta quede aislada socialmente.

Es difícil pedirles a los niños que se hagan cargo de identificar señales notorias de Bullying que ni los adultos han visibilizado.

Por ello, se necesita del compromiso y trabajo conjunto de padres, docentes y alumnos, en las escuelas y en los hogares, para fomentar el respeto hacia los demás y contribuir a desarrollar nuevas habilidades psico-sociales.

Tipos de Bullying

El bullying mas visible, como en toda forma de violencia es el bullying físico: golpes, empujones, o de forma indirecta, por ejemplo arrojando objetos, con el fin de amedrentar a quien recibe estos actos.

El Bullying Verbal consiste en insultos, burlas, apodos que hieren, amenazas.

El Bullying Social implica provocar el aislamiento social de la víctima, ser indiferentes hacia lo que diga, haga, exprese, ignorarlo, excluirlo.

El Bullying Moral consiste en difamar a la víctima, divulgando datos o información con el fin de producir humillación pública.

Bullying por medio de objetos: robar, romper, esconder pertenencias del niño en posición de víctima.

Ciberbullying: dirigirse directamente a la víctima a través de medios digitales, como mensajes en redes sociales o mensajes de texto, con insultos, burlas, amenazas o de forma pública difundir en redes sociales fotos, o datos con el fin de hostigarlo o humillarlo públicamente.

Bullying Sexual: se refiere a cualquier comentario o acto que remite a la sexualidad, como por ejemplo burlarse de la orientación sexual, o acosar, abusar o difundir información o fotos íntimas.

Sin importar cual sea la forma que tome el bullying, más visible o más silencioso, **siempre** implica un daño psicológico.

Ya sea por haber sido agredido físicamente, por haber sido burlado o por haber sido amenazado, el peligro se percibe, el miedo inunda a la víctima.

Gradualmente empezarán a desarrollarse algunas pocas manifestaciones, pequeños cambios de conducta, de ánimo, de humor, dolores físicos, resistencias a la hora de ir a la escuela o de utilizar redes sociales, tendencia a encerrarse, a dejar de ir a reuniones con sus compañeros, etc.

El daño psicológico se incrementa con la continuidad del acoso, sostenido en el tiempo. La persona se va agotando, su autoestima cada vez más baja, deteriorada, dolida por la incesante violencia escolar recibida.

Y por ello es muy importante conocer y reconocer las diferentes caras del Bullying y

nunca minimizar los efectos que una burla, o apodo hiriente pueden ocasionar.

Como en cualquier forma de violencia, no hace falta tener un ojo morado o lesiones para que ya podamos hablar muy seriamente de violencia.

Espectadores, padres, docentes, no deben normalizar el acoso escolar, minimizándolo como "cosas de chicos" o buscando explicaciones en la personalidad o carácter de la víctima, como por ejemplo, diciendo que es débil o frágil.

Capítulo 2

¿Cómo identificar casos de Bullying?

A la hora de identificar las señales que nos advierten que se está produciendo un caso de Bullying, debemos considerar que cada persona percibe la realidad de una forma diferente y reacciona a las agresiones también de forma diferente.

Por lo tanto, tendremos en cuenta los siguientes indicadores, valorando la subjetividad individual de cada víctima, ya que puede ocurrir que un niño o joven presente gradualmente 5 o más síntomas, pero otros tan sólo uno.

Un solo indicador puede despertar nuestra atención, y es importante hacer un seguimiento del caso para observar si se producen nuevas manifestaciones y lograr la prevención o detección temprana.

La evaluación y el accionar de forma conjunta con todos los actores que participan en un caso de Bullying son fundamentales.

Indicadores que pueden expresar el padecimiento de Bullying:

- Cambios de conducta.

- Rechazo a ir a la escuela.

- Aislamiento social.

- Ansiedad.

- Estado de alerta constante.

- Cambios en el humor, mal humor.

- Irritabilidad.

o Nerviosismo a la hora de ir o volver de la escuela

o Desgano, abulia.

o Estrés.

o Síntomas psicosomáticos, como problemas gastrointestinales, alergias, que pueden llegar a funcionar a modo de una solución inconsciente y temporal para no ir a la escuela.

o Expresiones de agresividad con hermanos u otros familiares o mascotas.

o Tristeza, llanto, angustia,

o Problemas para conciliar el sueño.

o   Alteraciones de la conducta alimentaria, comer de más o comer de menos.

Consecuencias del Bullying

Los indicadores mencionados anteriormente como señales que nos permiten identificar casos de Bullying, pueden constituirse en consecuencias a corto plazo, con cese posterior tras la resolución de la situación, o luego de un tratamiento, o quedar como secuelas en la edad adulta.

Aquellos indicadores que pudieran tratarse a tiempo, no necesariamente dejaran marcas para las etapas vitales posteriores.

Cuando no se logra realizar un diagnóstico temprano y un tratamiento correspondiente a los daños padecidos, es muy probable que, como algo no resuelto, pendiente, hagan reapariciones en años posteriores.

También podría ocurrir que durante los años en que se padeció el maltrato escolar no se lo percibió como tal o hubo represiones que impidieron la manifestación concreta del problema. Y años más tarde, casi sin una explicación consciente, empiezan a desarrollarse dificultades como las que veremos a continuación.

- o Estrés

- o Ansiedad

- o Trastornos alimenticios

- o Trastornos del sueño, insomnio, pesadillas

- o Dificultad para relacionarse, para iniciar nuevos lazos sociales, o para conservar los vínculos

- o Baja autoestima

- o Fobias

o   Ataques de pánico

o   Depresión

o   Enfermedades psicosomáticas.

Capítulo 3

10 Claves para prevenir casos de Bullying

Existen muchas formas de elaborar estrategias para prevenir, detectar o tratar los casos de Bullying. Es en este sentido que hablaremos de qué es la prevención y cuáles son los tres tipos en los que se puede desarrollar.

La prevención es definida como el conjunto de acciones, estrategias y recursos utilizados para evitar o reducir el desarrollo de una situación o problema y sus consecuencias.

Existen tres tipos de prevención según el momento en el cual se la implemente: Prevención Primaria, Secundaria o Terciaria.

La **prevención primaria** refiere a evitar un problema de forma anticipada, es lo que conocemos popularmente como Prevención propiamente dicha.

Aquí podríamos pensar en la elaboración y desarrollo de talleres o programas para evitar que el Bullying se desarrolle.

Se logra evitar que existan casos de acoso escolar.

Se habla de **prevención secundaria**, cuando ya hay un problema identificado y se realizan acciones y estrategias para reducirlo o eliminarlo, según el caso y las posibilidades de la persona en cuestión.

Para ello es necesario el diagnóstico y la detección *tempranos*. En este punto, es importante indagar y motivar a la reflexión respecto al trato entre los estudiantes y los tipos de relaciones que establecen y sostienen a lo largo del tiempo.

Por último, la ***prevención terciaria*** se efectuará en casos más avanzados, donde el

Bullying ya se ha expresado y se observan consecuencias.

Aquí, la propuesta consiste en aplicar estrategias para detener o reducir el problema y sus efectos.

Para generar acciones de prevención del Bullying es importante desarrollar talleres, programas y actividades, donde se fomente el desarrollo de habilidades psico-sociales que:

- Mejoren la autoestima y autoconfianza
- Promuevan hábitos saludables
- Fortalezcan el lazo social, el sentido de pertenencia al grupo de pares
- Faciliten la expresión asertiva de las emociones, preocupaciones y sensaciones.
- Desarrollen un adecuado control de impulsos
- Promuevan el respeto hacia uno mismo y los demás y sus diferencias

- Aumenten la tolerancia a la frustración y la capacidad de espera
- Desarrollen el sentido de la responsabilidad, el compañerismo, el trabajo en equipo.

10 claves para la prevención del Bullying

<u>Primera clave</u>: Atención y detección de cualquier posible forma de Bullying para detenerlo antes de que se produzca concretamente (Prevención Primaria).

Esta clave podría llevarse a cabo a través de capacitaciones a los docentes, padres y directivos, para conocer y aprender a reconocer en la práctica las posibles señales que un niño o joven puede manifestar y de esta manera expresar que se encuentra padeciendo Bullying.

Segunda clave: No naturalizar ni minimizar burlas, apodos hirientes, insultos. Parecería que es normal que cuando uno es niño esté expuesto a burlas. Frente a esto, cuando el niño logra expresar su malestar, lo más práctico y rápido que se suele aconsejar es que no le de importancia, que es algo de chicos, que son infantiles, etc. Sin embargo, las burlas continúan y no es posible no darles importancia.

El docente además de detener las burlas en el momento, debe prestar atención a lo sucedido, haciendo un seguimiento, para no sólo detener la burla en un episodio puntual, sino poder evaluar cómo se realiza, quién la realiza y a quién, cómo es el comportamiento posterior al límite impuesto, establecer si sólo fue un hecho aislado o es un accionar que se repite, qué es lo que manifiesta el niño agredido, etc.

<u>Tercera clave</u>: Generar espacios de comunicación intraescolar e intrafamiliar.

Estos encuentros de diálogo y comunicación son fundamentales para detectar problemáticas y abrir un espacio de confianza y escucha para facilitarle al niño la expresión de sus emociones y sentimientos respecto al tema que se está abordando.

Ser víctima de Bullying genera pensamientos y emociones que dificultan el poder hablar del tema. Pedir ayuda o comentar a la familia lo que se padece en la escuela puede producir vergüenza, miedo, culpa.

Por ello, fomentar el diálogo sobre cómo va todo en la escuela es una tarea imprescindible para detectar Bullying a tiempo o prevenir que se llegue a situaciones más avanzadas y graves.

<u>**Cuarta clave**</u>: Fortalecimiento de autoestima. Desde edades tempranas empezamos a sentar las bases de nuestra personalidad y autoestima.

Comentarios del tipo, "no servís para nada", "sos un inútil", "todo lo haces mal", "no se te puede pedir nada, porque lo haces mal", escuchados de forma recurrente a lo largo del tiempo, se van guardando e interiorizando como propios, al punto de que el niño o adolescente llegue a creer que es inútil y todo lo hace mal, que no lo quieren, etc.

Es así como se comienza a construir una presente y futura baja autoestima, que puede extenderse a la vida adulta si no se trabaja este aspecto tan importante del desarrollo de una persona.

Y con respecto a los errores cometidos en la infancia, en lugar de sentenciarlo con etiquetas, es clave acompañar el proceso de crecimiento, haciéndole saber al niño que todos cometemos errores, que podemos buscar la forma de solucionarlos y aprender de ellos.

Dejar que el niño se equivoque es saludable, ya que así de pequeño puede tener una lectura no fatalista de las equivocaciones y generar una mayor tolerancia a la frustración, buena autoconfianza, seguridad en la toma de decisiones y por ende, una buena autoestima.

De lo contrario, si no dejamos lugar al error porque siempre estamos ahí intentando resolverlo todo, de modo sobreprotector, el niño aprende que necesita de otros para hacer las cosas bien. Y cuando tenga un poco más de independencia y se equivoque lo vivirá de muy mala manera, con gran frustración y escasa autoconfianza, creyendo que sólo no puede, que no es suficiente.

Por lo tanto ambos extremos pueden dar lugar a un debilitamiento de la autoestima: el destrato, la denigración, el abandono, o en su extremo, la excesiva presencia y sobreprotección.

Quinta clave: Gestión de las emociones de forma inteligente desde la infancia. Expresar las emociones requiere de un aprendizaje, al igual que reconocerlas y poder gestionarlas de buen modo.

Estar preocupado y no entender por qué, sentir miedos y no saber a qué, estar inquieto, irritable sin poder definir posibles causas, genera un malestar abrumador, desconocido.

Y cuando sentimos algo que desconocemos: ¿Cómo podríamos implementar recursos y herramientas para buscar soluciones, mejorar o calmar ese malestar?

Cuando por fin entendemos con qué emoción estamos lidiando, podemos plantear alternativas de acción para aceptarla, elaborarla, superarla o reducirla.

Por ejemplo, experimentar irritabilidad, inquietud constante, mal humor, sin entender de dónde salieron, genera mucha ansiedad y esto no hace más que empeorar el cuadro previo.

Si podemos empezar a aquietar la mente para develar qué cuestiones, situaciones o emociones están ocasionándolos nos será más fácil comprendernos y pensar estrategias para sentirnos mejor.

Si comprendemos que, por ejemplo, detrás de ese mal humor e irritabilidad hay enojo, deberemos seguir observando...
Enojo, ¿por qué?
Enojo, ¿con quién?

Enojo, ¿para qué?

Entonces, la emoción por debajo del mal humor es el enojo. Ahora seguimos, ¿Qué situación me enojó? ¿Es respecto a una persona? ¿Es respecto a mí mismo?

Por lo general el enojo sucede a partir de un límite que no pusimos, una situación en la que no nos defendimos. Sentimos que se nos pasa por arriba. Lo mismo ocurre en un niño o joven víctima de Bullying.
Y si no puede gestionar ese enojo de forma adecuada, podrá volverse hacia su interior, como enojo consigo mismo, con odio hacia sí mismo, deteriorando aún más su autoestima.

O también puede ocurrir que en lugar de expresar el enojo a quien corresponda, se descarga un enojo inesperado en quienes menos tienen que ver con la situación. Por ejemplo, hacia familiares o mascotas.

<u>**Sexta clave**</u>: No justificar la agresión recibida en función de características de la víctima, que aunque parezca extraño es más común de lo que debería ser: "es que vos no te sabes defender", "no tienes carácter"…

Se termina, sin quererlo, culpando a la víctima del maltrato que recibe.

<u>**Séptima clave**</u>: Acudir a consulta profesional, para la atención y orientación a la víctima, las familias, y al victimario (quizás también víctima en otro contexto).

<u>**Octava clave**</u>: Ya sea para realizar la prevención propiamente dicha (Prevención primaria) o tratar casos de Bullying ya instalados, es muy importante el trabajo conjunto entre padres, alumnos, docentes y directivos.

Novena clave: Realizar intervenciones con los alumnos (e hijos), para evitar el "efecto contagio" de la burla o la agresión.

Para ello, será necesario fortalecer a los alumnos para que identifiquen la situación de acoso escolar y puedan poner límites a la agresión y no aliarse a quien ejerce el maltrato, porque muchas veces lo hacen por miedo, para no convertirse ellos mismos en nuevas víctimas. Por lo tanto, se ríen de burlas y chistes que humillan a la víctima, convirtiéndose en cómplices de la agresión.

Por el contrario, debemos lograr que puedan apoyar a la víctima, no aislarlo y pedir ayuda a los adultos.

Décima clave: Trabajar en el respeto hacia los demás y a las diferencias.

Es necesario enseñar en las escuelas y en las familias, que ser diferente o tener alguna dificultad no es sinónimo de ser inferior.

Respecto a las diferencias, podemos pensar en un Bullying apoyado en prejuicios o estigmas socio-familiares, que se reproducen de forma natural, muchas veces sin dimensionar el daño que pueden ocasionar.

Se legitima así cierta discriminación, en el sentido de considerar inferiores o graciosas a ciertas características como: color de piel, estatura, peso, uso de lentes, tener una capacidad diferente, clase social, lugar de residencia.

Quizás se trate de burlas no percibidas como tales, que se dicen en forma de chiste y que son escuchadas o incorporadas por los niños desde temprana edad.

Por eso es importante que los adultos prestemos atención a cómo nos expresamos, con qué palabras nombramos a los demás, porque los niños pueden creer que dirigirse a alguien haciendo alusión a determinada característica, puede ser gracioso, divertido y correcto en todos los casos, sin saber, o aun peor sabiendo que el otro niño sufre si se lo denomina con esa palabra específica.

Conclusión

Entendemos a la Escuela como una institución educativa, pero no solo a nivel educativo, sino también formadora de personas. Es un espacio de socialización y de constitución de la personalidad y como tal, deja marcas, buenas y malas.

La violencia escolar se enmarca dentro de un contexto violento más amplio.
El bullying es reflejo de otras formas de violencias, es el resultado de lo que los niños escuchan, padecen, absorben, consumen, en muchos casos con riesgo de acostumbrarse a vivir en violencia o a sufrirla, al punto de naturalizarla.

Por todo lo expuesto en este manual es que resulta de gran importancia prevenir, detectar y detener el Bullying a tiempo:

Porque genera sufrimiento, porque es causa de problemas psico-somáticos, porque puede tener gravísimas consecuencias, tanto en quien lo padece como en quien lo produce.

Porque puede provocar traumas en la infancia, en la adolescencia e incluso tener secuelas en la vida adulta como ataques de pánico, fobias, dificultades para vincularse, problemas de autoestima, depresión.

En este caso, estamos hablando de consecuencias a largo plazo del Bullying sufrido en edad escolar, con repercusiones en la vida adulta. Pero recordemos que el Bullying no sólo se produce en contexto y edad escolares, sino también en otros contextos y edades.

Por ejemplo, en un contexto laboral, donde se es víctima de maltratos psicológicos, físicos, morales, sexuales, sociales, etc., con todas las características ya abordadas del Bullying, pero producidas en torno al ámbito laboral. Esta forma de maltrato se denomina Mobbing o acoso laboral, que al igual que el Bullying no se limita al espacio físico laboral, puede continuar por fuera de la jornada laboral, por ejemplo a través del ciberacoso.

Mobbing o acoso laboral, una fuente de estrés en el trabajo[1]

El mobbing o acoso laboral es un tipo de maltrato que se produce de forma explícita y muy visible o de forma más sutil, a lo largo del tiempo.

Si bien el mobbing es relativo al contexto laboral, no se reduce a violencias sólo producidas dentro del contexto laboral. Puede extenderse y continuar por fuera de la jornada laboral, por ejemplo a través de redes sociales.

El mobbing tiene diferentes caras. Puede incluir violencia física, verbal, insultos, burlas,

---

[1] Extraído de Gancedo, Melina. (2021) *"Estrés laboral: riesgos y salud en jaque"*

chistes de mal gusto que dañan a quien padece este maltrato.

También se puede dar a través de objetos pertenecientes a la persona que se encuentra en posición de víctima, al romper o esconder sus pertenencias personales o con objetos que cumplen rol importante en la actividad laboral con el fin de perjudicarlo laboralmente y generarle molestias y daño.

Otras formas de mobbing son el acoso sexual o el ciberacoso. Este último se puede desarrollar a través de mensajes directos a quien lo está padeciendo, mensajes que incluyan amenazas, burlas, insultos, o también de forma pública a través de redes sociales con el fin de lograr la humillación pública.

Otra posible cara del mobbing remite al aspecto social, buscando aislar a la persona, ignorarla, serle dañinamente indiferente, intentando sumar cómplices y que finalmente quede solo.

No es fácil reconocerse víctima de acoso laboral o mobbing, pero al hacerlo es muy importante tomar diferentes acciones, que dependerán de cada persona.

Una primera acción es buscar ayuda, fortalecerse, expresar lo que está sucediendo y hacerlo dentro y fuera de la institución, a compañeros, directivos, amigos, familiares o profesionales. Esta acción resultará sanadora pero no es sencilla.

Muchas veces el acosador se dirige a la víctima buscando provocarle miedo, y esto puede llegar a paralizar, generando un sentimiento de indefensión, angustia, estrés, pánico.

También, será difícil si la victima tiene sentimientos de inferioridad o de culpa, que pueden generarle confusión acerca de quién es el verdadero responsable de esta situación.

Una vez reconocida la situación de maltrato, y la decisión de tomar acción, ésta puede variar desde:

poner límites, aprender nuevas formas de respuesta, actuar con asertividad, gestionar las emociones de forma diferente, controlar los impulsos para saber reconocer provocaciones y evitar responderlas de forma agresiva para no quedar expuesto, que también es otra de las metas del acosador, que el otro quede como el loco, el conflictivo, el problemático.

Frente a una situación de conflicto interpersonal, en cualquier ámbito podemos encontrar dos posturas extremas: el silencio sumiso, la represión de respuestas, de límites, angustia. Y por otro lado, la explosión, la ira, gritos.

Adoptar nuevas habilidades psico-sociales permitirá no escoger ninguno de estos extremos, sino un punto medio, en donde prime el respeto hacia unos mismo y a los otros, aceptar y pedir ayuda sin sentirse inferior o débil y fortalecer la autoestima deteriorada por el maltrato recibido.

Y por último, a los espectadores del Mobbing, les tocará dejar esa posición pasiva de "mejor no meterse" y más que nada, no apoyar al violento, no ser cómplices, no reírse de las burlas que duelen para contribuir a detener el maltrato laboral a tiempo.

Bibliografía consultada

Andrade, José A.; Bonilla, Leidy L. y Valencia, Zully M. (2011). *"La agresividad escolar o bullying: una mirada desde tres enfoques psicológicos"*, en Revista Pensando Psicología, vol. 7, núm. 12, pp. 134-149.

Confederación Española de Asociaciones de Padres y Madres de Alumnos. (2013). *"Acoso Escolar. Guía para padres y madres"*.

Equipo Técnico de la Dirección General de Ordenación Académica de la Consejería de Educación y Ciencia del Principado de Asturias. (2005). *"Orientaciones sobre el acoso escolar"*.

Gancedo, Melina. (2021) *"Estrés laboral: riesgos y salud en jaque"*

Gancedo, Melina. (2021) *"Ser y Vivir a Conciencia. Mindfulness + Psicología"*.

Luengo Latorre, José Antonio. (2011) *"Ciberbullying: guía de recursos para centros educativos. La intervención en los centros educativos en casos de ciberacoso".*

Sobre la autora

Melina Gancedo es Licenciada en Psicología.

Egresada de la Universidad Nacional de La Plata, se ha desempeñado como psicóloga en A.D.A.R. servicio especializado en adicciones de Caritas La Plata y en la Comunidad Terapéutica Volver A Crear.

Brinda atención psicológica especializada en adicciones y desarrollo personal y dicta cursos virtuales de formación sobre adicciones y otros temas de Psicología.

Es autora de libros como:

"De Adicciones, Sustancias y Personas". RV Ediciones. (2018)

"Vivir después del dolor". RV Ediciones. (2020)

"Ser y Vivir a Conciencia. Mindfulness + Psicología (y un modo posible de tratar adicciones)"

"Violencia de Género: 5 claves para identificarla"

"Tabaquismo: primeros pasos para dejar de fumar tabaco"

"Orientación Vocacional: Elegir a conciencia. Mucho más que elegir una profesión"

"Una adicción en la familia"

"Los otros objetos de la adicción. Acerca de cómo nos afecta la dependencia emocional"

"Entender las adicciones"

"Ludopatía, un juego que no es juego"

"Estrés laboral: riesgos y salud en jaque"

Además colabora con artículos sobre adicciones y otros temas de psicología en revistas locales de la Ciudad de La Plata y sitios web.

Coautora del libro "Violencia y Maltrato" y compiladora del libro "Teoría y clínica en el tratamiento de las Adicciones" (2019; Ricardo Vergara Ediciones).

Mail: gmelit@gmail.com